JN436601

오늘의문학 시인선 385

까치도 말을 한다

이찬로 시선집

오늘의문학사

국립중앙도서관 출판시도서목록(CIP)

까치도 말을 한다 : 이찬로 시선집 / 지은이: 이찬로. -- 대전 : 오늘의문학사, 2016
p. ; cm. -- (오늘의문학시인선 ; 385)

ISBN 978-89-5669-794-9 03810 : ₩9000

한국 현대시[韓國現代詩]

811.7-KDC6
895.715-DDC23 CIP2016031716

까치도 말을 한다

이찬로 시선집

서시(序詩)

오늘도 생각한다.
내 먹은 마음 하늘 같이 높고
바다 같이 깊거늘

오늘도 생각한다.
내 먹은 마음 산같이 준엄하고
바위 같이 크거늘

오늘도 생각한다.
내 먹은 마음 내가 가는 길
어떻게 정지할 수 있을까.

한번 먹은 마음
끝까지 밀고 나가
지고한 목표에 도달하리라.

차례

2부 책장을 바라보며

차례_

3부 아직도 그 사람을

4부 불은 언제나 되살아난다

1부

날짜 가는 것도 모르고

좋은 사람

큰 공원에 작은 단풍나무
아침 햇살에 진분홍 잎을 흔들며
반갑게 아침 인사를 합니다.

누가 심었는지 언제 컸는지
제법 초등학생 애기 볼처럼
생기 있는 윤기가 샘이 납니다.

스쳐가는 울적한 한 사내
고운 단풍나무 옆에 서서
가지고 싶어 잎을 만져봅니다.

어린 것이 떨어질 것 같은
괜한 생각에 예쁜 잎을 붙잡고
가는 시간을 원망합니다.

좋은 사람 거기에
그림같이 살며시 웃으며
같이 오래 서 있습니다.

까마귀에게

속지 마라
제발 남의 말을 듣지 말고
주는 돈 가족들에게
사랑이나 하면서 살아.

내가 생각해도
네가 잘하는 것도 누구에게도
이길 자신이 없지
그냥 착하게 살아.

이것이 살 방향
도움을 받을 생각도
줄 여유도 없으니
그냥 혼자 살아.

이제 더 가족이나
자신에게 피해는
주질 마라,
그 욕심은 버려…

기다릴 수 있는 시간

늦은 밤 사내가 어느 식당에 들어가자 한 젊은 여자가 물을 갖다 주면서 인사도 없이 "무얼 잡수실래요?" "찬 소주에 두꺼운 삼겹살." 아주머니가 귀엽고 예쁘다

그래 사내는 한번 느끼한 눈길로 "생고기, 맛있는 걸로요." "이집 것은 다 맛있어요." 내 여자처럼 말을 받아주는 이집 여자 큰 가슴이 더 맘에 든다.

세상의 벽에는 흉한 낙서 천지, 길이라도 좋다. 아니어도 좋다. 우정은 높게 사랑은 낮게, 새벽에 비를 맞고 서있는 '애인구함' 술 취했는가 제 마누라는 어디 두고.

착각이다, 당신도 '애인구함'인가? 세상에 남녀가 반반인데 누군가 또 짝을 낙서에다 광고하여 찾는 건가. 그곳에 한 여자, 취한 남자들!

다 버리고

다 버리고 다 잊어먹고
아픈 속내도 비우고 살기로 했네.
이 세상 상대가 없을 때
나는 내가 아니라고 할 수도 있지만
그렇게 마음을 먹었네.

다 버리고, 다 잊어먹고서도
새해가 오고, 그 첫 달의 중간쯤이었네.
기다린 긴 날 저녁부터 아침까지
반가운 손님 첫눈이 오던 날
몹쓸 바람은 되게 쌀쌀하게 불었고.

다 버리고 다 잊어먹은 다음에도
생각은 설레는 가슴 달랠 길 없어
눈송이와 같은 얼굴에 마음을 빼앗겼네.
그 옛날 둘이 마음을 주었던
그 젊은 시절로 돌아가려네.

그 어느 겨울

그 어느 겨울 인연이 있어. 우리들의 슬픈 얼굴은 찬바람 때문. 따스한 빛과 사람들 속 겨울바다, 꿈속에서도 떠나가는 배, 천년의 사랑은 가슴앓이, 유년시절의 기행.

오래도록 기다리는 아픔, 누군가 사랑하게 되면 그런가. 아낌없이 주는 나무에 함박눈, 가슴에 찬비가 내리는데, 음악처럼 들려오는 고향 가는 기차소리, 묻어버린 아픔은 언제까지 가나.

처음부터 지금까지 나가거든 너에게로의 초대, 아담과 이브처럼 오래 살고 싶어. 고향으로 가는 차표 한 장을 사면서도 생각은 다시 사랑을, 이별은 절대로 안 돼.

미련인가, 너에게 난, 나에게 넌 사랑? 장난감 인형처럼 아름다운 눈물, 작은 도랑의 물소리처럼 늘 혼자? 소주 한 잔과 심수봉의 백만 송이 장미, 다정하게 같이 있어야 한다.

당신이었으면 좋겠습니다

자다가 일하다가
먹다가 마시다가
돌아다니다가 사랑하다가
분신 키우다가
크다가 늙다가 병들고 큰 사고 나면
언젠가 한줌의 흙으로 돌아가는 것

무엇이 삶인가
이것이 삶인가
사는 게 뭐 별게더냐
있는 대로 살다가는 것
작은 것은 작은 대로
큰 것은 큰 대로
없는 것은 없는 대로
있는 것은 있는 대로
풀같이 저 산의 나무같이
숲속의 새같이

아니다 생각하며 사는 것
수많은 생명들이

동시에 이 세상에 머물면서
먹을 것을 구하고 그 다음에
사랑하다가 운동하며 살다가는 것

이 세상에 존재하는 것들은
잠시 머물다 가는 것
내가 누구와 비교하는 것도
비교되는 것도 쓸데없는 생각들.
배불리 먹고 마신다는 것도
알고 보면
자그만 육체 유지하는 것

세상을 움직이는 사람들,
먹고살기도 힘든 사람들
오늘도 먹이 찾아 떠도는 세상 사람들
시간이 가고 세월이 가면
모두가 바뀌어지는 세상
더 가진다고 더 오래 산다고
그것이 나은 삶도 아니라면 어허.

이렇게 비가 오는 날에는

이렇게 비가 오는 날
우산을 쓰고 하천변을 걸어봅니다.
자동차들은 빗물을 마구 튕기면서
소리 내며
어디론가 급히 누군가 만나려 가는데 나는
혼자서 천천히
아주 천천히 냇물 속을 보면서
걷다가 무슨 생각이 있었는지
오래도록 서서 어머니를 생각합니다.

어머니 지금 무엇하고 계세요
나를 보고 싶지 않으세요?

가끔씩 이렇게 비가 오는 날에는
창가에 기대어 서서 깊은 생각을 합니다.
내가 왜 지금 여기에 와 있는지
잘하고 있는지
실수하고 있는 일은 없는지
그러다가 그러다가는
어머니의 젖가슴이 그리워지기도 하고
맑은 목소리를 듣고 싶기도 하고
언젠가 못한 효도를 후회합니다.
그러다가 그건 아니다

친구에게 즐겁게 이야기 할 멋진 말을
멍청하게 떠올리기도 합니다.

어머니…….
오늘같이 비가 오는 날이면
제가 보고 싶지 않으세요?

어느 뚝방에서

조용히 있다가 너는 간다.
말없이 간다.
그래
네가 살던 곳 끝이 없는 허공으로.

마음 속 인생살이
세월이란 철 따라 거쳐 간 곳
아무 표시 작은 소리 안 나도록
순한 나비 한 마리 스쳐 지나듯

그렇게 가라고 서둘며 살며
아주 긴 여행처럼 가려 한다.
영화의 이별 장면
여기가 종점이다.

서글픈 양심에 거슬려도
참고 버티는 그날에
수줍은 봄꽃은
다시 와 웃는다고 그런다.

사내들은

사내들은 정말 모른다고,
가까이서 보고 싶어
너 보여줘, 가슴의 마음을 보여줘.
이젠 후회해도 소용없어
넌 사랑하는 내 여자야.

제발 날 싫어하지 마.
혼자 있는 널 가지기는 쉬워
원한다면 어디서든 좋아
내 여자야, 지금 어디야?
나 지금 사랑을 느끼고 있어.

내가 나를 전부 다 준대도
넌 도망치고 싶지?
제발 잡지 말아달라고
사랑하는 이 마음이 이상한가?
그런 모습 하지 말라고.

낙엽이 지는 거리

낙엽이 지는 거리의 한 사람,
사람은 누구나 살기 위해
먹고 살기로 더불어 살다가
홀로 그곳으로 간다.

어머니, 학교, 직장살이
결혼으로 짝을 만나 살다가
애들도 제 살길로 떠나가면
마지막엔 물든 낙엽 그만 남는다.

직장 그만하고 들판을 거닐다가
시내로 다니다가
산에 오르면
저 밑은 더불어 사는 곳
사람 많은 거리
많은 상품 늘어놓긴 놓았는데
귀한 물건 찾는 손님이 없다.

이렇게 살기 좋은 세상에
홀로 쓸쓸히 둑을 그렇게 거닐면서

모르지만 언젠가 죽음을 생각한다.
좀 더 살다 가려는데
왜들 그러는지,
같이 갈 사람이 없는 거다.

이별 연습

처음은 그랬습니다.
그와 꿈꾸는 사랑이
정말 이루어질 리는 없다고.

그로부터 신호가 왔습니다.
나의 마음
너의 생활
꼭 이루어진다고,

나의 생각 너의 판단
언젠가 우리도 잘됐다고 그랬습니다.
빨리 사랑을 하고 싶었습니다.

그런데 지금은 아니랍니다.
마음도 육체도
하나가 그래서 깨어지고
발가벗은 약속으로 이루어진
이젠 인생의 원줄기마저
먼 산을 응시합니다.

마음만은 행복에

늘상 행복에 취해 있어요.
아무것도 보이는 것이 없어도
기분이 그냥 좋아요
생각하는 것은 많지만
말하기도 전화걸기도 이젠 귀찮아요.

오늘을 버리라고 할까요.
그런데 얻어 쌓아놓고 말았어요.
오늘도 실패한 하루지요.
그래도 기분은 괜찮아요.
꼭 만날 사람도 있고

보고 싶어할 이야기도 있어
난 행복하다 할까요.
둘이 있으면 할일이 있다고 할까요.
웃는 얼굴 따뜻한 마음에
난 행복하게 살고 있어요.

사람소리

너의 육신을 버리는 날
생각은 마시고 싶은
괴로움이 다가오다가 가고
마음이 어디론가 소리 따라 가는가.

허공에 너의 사랑이 없어진다고
넓은 세상에 너와 나의 무기력
뜬 구름 허공에 작은 물체
흘러가는 바람 속 그리움

모두 떨어진다는
그 같은 생각 너와 내가 가지고
가야할 것과 버리고 갈 것
그래 다 버려야 한다.

바람과 같이 생각은 그렇게 하고
사람소리를 들으며
눈도 오래 감고 있어야 하지.

날짜 가는 것도 모르고

날짜 가는 것도 모르고
즐겁고 행복한 생각 속에
하루, 오늘 하루, 또 하루가 간다.

못 버티도록 반가운 피로와
웃음이 가득한 행복이
겹친 많고 많은 그런 날들

아침 해는 서산에
건강하던 몸은
달콤한 꿈속으로 가는 인생길

오늘도 기쁜 마음으로
같이 갈 사람이 있다는 건
참 좋은 삶이다.

시간의 차이

난이 무성하고 국화꽃이 만발하고 세월 좋았지. 부모 잘 만나고, 도시에서 학교 잘 다니고 직장 잡아서 장가 가고 한 세상 잘 살았어.

그런데 뭐가 왜 서글프지? 낙엽이 지는 것이. 다 그런 건데 세월 속에 혼자 쓰는 공간이 그렇게 넓어 보여 대흥동 성당은 지금도 그대로인데

무명바지 난로도 없는 춥던 교실, 비 오는 날 우산도 없었지. 점심에 강냉이 죽, 가루 우유 경쟁이나 하면서 얻어먹었지. 그게 우리들 엇그제 같은데

산은 그대로인데 관통도로가 뚫리고, 전철이 달리고, 골령재가 터널로 바뀌고….

컴퓨터를 켜고

무언가 생각이 나서 컴퓨터를 켜긴 켰는데 하도 버릴 것이 많아서 막상 적을 것은 없다. 여백을 보고 있노라니 보이는 것은 하나도 없는데 생각이 있는 듯 앞산의 단풍이 들어온다.

언제 봄이었는가.
여름은 언제 가고
가을단풍이 드는가.

잘 물들었구나. 낙엽을 생각하는데 천둥치고 번개 날리더니 비가 쏟아지고 바람이 분다. 찬바람 센바람에 우수수 낙엽이 떨어지니 고달픈 청소부가 바쁘게 움직인다.

삶

삶은 혼자 사는 것
먹는 일, 입는 일, 자는 일
스스로 하는 것

자연은 늘 그대로
세월은 한순간
늘 혼자 살다 가는 것

더불어 산다는 것은
서로를 위해 존재하는 말
도움을 받는 일도
도움을 주는 일도

저기 짐승처럼 저기 풀처럼
살다 가는 것
누구를 원망하고 괴롭히랴

귀가 길

늦은 시간에 무엇을 그릴까
모임에 갈까
집에 들어갈까
보던 얼굴들 안 보면 보고 싶어
지난 이야기 듣고 가야지.

늘상 회비를 내고
소주를 하면
언제 봐도 잘난 모습들
술이 오르고 배가 부르면
집에 일찍 가야지.

그런데 왜 허전할까
삶이란 것이
허공을 응시하지.
일찍 가면 불빛이 보이지.

하루 종일

사랑이 있는 꿈이었어. 진정 소녀와 난 지나쳐 버린 어제 저녁 어둔 밤의 긴 꿈을 기억하고 있어. 가늘게 솜털이 떨리는 육감으로 느껴본 엄청난 가상의 현실에서 누구나 세상에 한번 살고자 하면서 신나고 재미나는 몽정이라는 꿈을 하루 종일 꾸었지.

이건 어디까지나 사실이 아니라고 하지만, 아니 단지 행복이란 사랑, 우리가 바라는 꿈이란 거지. 그런데도 막 스쳐 지나치면 현실은 알 수 없는 어딘가 공간 속에 남아 있는 거야. 어느 순간의 사랑의 추억이란 기억은 작은 우주라는 머릿속에 하루 종일만 남아 있는 것.

그 또한 달콤하게 진한 여운으로 서로의 입술에 닿는 것이 사랑이란, 알지 못할 그런 맛이랄까, 우리가 사는 세상 속 인생이야. 잠시 아주 작은 꽃이 피는 들국화의 하루 종일 시간들, 사랑이 있는, 행복이 있는 삶이란 그저 여름날의 바람처럼 스쳐 지나간다는 이야기지.

우리라는 인간들이 그것을 받아들이면서 서로가 꽃과 같은 육체라는 도구를 빌어 느껴본 진정한 사랑이었어. 이것을

난 잊어야 하나, 기억해야 하나, 하루 종일 망설여지지만 소녀와 함께 영원히 기억하고 싶어. 난 오늘도 행복이란 소녀와 같이 있고 싶단 말이야.

지난 저녁을 잊어버리기로 작정하고, 꿈에 취해 기억에 없다고 말은, 잊어버리고 싶은 기억은 내 입술에서 계속 꿈틀거리며 살아나고 있다는 이야기야. 행복의 꿈에서 그 느낌이 살아나 그녀 속에서 하루 종일 즐겁게 살고 있는 거야.

지난 여름날의 바람이 이제는 현실로 체험을 하고선 더 작은 가슴속이 타는 것은 사실이 아니라고 하루 종일 우기지만, 그것 또한 사실은 아니라고 또 거짓말을 하고 싶어. 소년의 사랑은 한 계절이 다 가고 겨울이 다가오는 길목에서 마음이 울적한 날, 어울려 마신 한 잔의 냉수 맛 같은 것이 있어.

늦은 인연

사랑과 행복
그리움을 누가 먼저 말하리.

달콤한
밀크셰이크 같은 거라고

바람 불면 날아가지만
마음엔 영원하지요

사랑을
행복의 둥지로

곱게 물든 단풍
떨어지는 낙엽

여기까지
그리움으로 가득합니다.

2부

책장을 바라보며

갈무리

하늘밑 마른 땅의
무성한 나무처럼
늘 혼자이거니
그냥 살다가려니

찾아줄 나무도
도와줄 나무도
같이할 동행도
아무도 없으니

이야기를 들어줄
애틋한 사랑도
늘 그 자리에
고운 낙엽만 남으려니.

홀로 가는 길

저기가
종착지인데
뭐하고
어디 있다가

고향땅
서성골 옥천 대전
서울의 순간도
되돌아온 삶

동행하던
풀과 나무
세상을 버티게 한
부모와 형제

잊어야지
버려야지
남길 것은
하나도 없지.

어떻게 할까

사람은 없고
수화기가 내려져 있다.
어디에 있었어?

다가 가보니 달랑 50원이
소식을 기다린다.
어떻게 말할까

먼 곳을 바라보며
전화할 곳에
어떻게 말할까

돈과 시간은 있는데
만날 사람이 없는 이 시간
어떻게 할까.

고독한 자의 기다림

오늘부터는
모르는 것이다
안다고 해도 모른 척하는 거다
더는 실수해서 안 된다.
안 된다.
왜?
그건 나도 모른다.
왜 내가 실수하고 있는지
나도 모른다.
알 수 없는 게 세월이다.
벌써 다 가버린 내 인생
나는 나도 모른다.
책임질 일을 나도 모른다.
그래 모른다.
세월 따라 정말 모른다.

어떤 기다림

소리가 들립니다. 언젠가 본 것 같은 텃새들이 이야기를 시작하면서 불안하게 몸을 움직여 찾는 것 같은데 마당엔 아무것도 없습니다.

나뭇가지에 걸쳐 앉은 저 새들, 놀러 왔나 반가워서 방문을 여니 날아가 버립니다. 그래 또 오겠지, 기대가 크면 실망도 있다지만 새 소리를 기다립니다.

빛바랜 책

법과 생활 소송박사
민법 판례연구 물권법 요해
법 위의 인간 돈 밑의 인간
권력 밑에 널린 돈
칼을 든 잘난 그 양반

돈과 삶 생존 법칙
법원 없는 사회
교회가 만드는 세상
바보들의 생활 원시사회
가감승산의 법칙

모르면서 사는 것에
공부하는 세상
믿는 것과 못 믿는 것
그래도 지금은 살 만한가?

책장을 바라보며

물으면 바보야
우린 행복한 동행.

잊을 수 없는 여행
천국의 계단은 꿈이었어.
풍금이 있던 자리에
창문을 달아드린다.

우리들의 섬
구름의 길
인생은 무엇으로 사는가.
하늘을 바라봐.

호수로 떠난 긴 여행
행복한 너와 나의 동행

당신을 기다리며

뜨거운 밤을 밝히는 십자가 위에서 추위에 떠는 어느 노숙자의 얼굴을 바라보셨나요. 높은 곳에서 내려다보면 이 동네엔 십자가들이 옹기종기 사는데, 이 인간을 구원할 하나님의 아들은 어디에서 꿈을 꾸고 계십니까. 내가 지켜야 할 가족은 떠난 지금, 먹을 것도 마시고 싶은 것도 입을 것도 부족한데, 누울 자리마저 빼앗겨버린 쓰레기 같은 인생들, 찬바람에 내 맡긴 얼굴에 누군가에게 얻어 마신 소주의 진한 냄새, 가리지 못한 소변에 찌든 추한 모습에 얼굴조차 분별할 수 없는 인생, 오늘도 거리에서 소리 없이 죽어가고 있는데, 하나님은 도대체 어디에 계십니까. 붉은 십자가 밑은 우렁찬 목사님의 설교소리, 거리에서 천당 가라고 소리치는 목회꾼들, 깊은 산속에서 들려주는 독경소리, 삼신당에서 빌어주던 그의 어머니는 언제 떠날지 모르는 마지막 겨울을 보내는 이 자에게 따끈한 국물에 소주 한 잔을 주십시오. 봄은 저만치서 오고 있습니다. 한 겨울에 피는 온정의 꽃이 아름답게 보일 때입니다.

길은 거기에

네가 있다 숲이 있다. 그 위에 큰 나무가 보인다. 나무들로 보이는 곳을 꿈속에서 들여다본다. 거기에 길이 있고 개미 같이 모여든 군중들이 있다.

우리가 머물러있는 위치와 시간 나도 거기에, 인생이란 시간이 모이면 모두 다정한 사람들인데, 홀로 떨어져 있으면 저 개미 같은 일꾼 사이로 망각의 시간 속에 모르는 세상이 된다.

부딪치면 다툼이 되는 먹이가 있는 곳, 떨어져 있으면 아무것도 없는데, 오늘도 꿈속에서 빈 하늘을 본다. 하늘에도 길은 있는가, 가진 것이 있다면 주고 가야지.

나이 들면 낙엽처럼 그렇게

내가 나를 무어라 하는가. 나도 나를 모르는 것을 혼자 묻고 나도 그 대답을 안 하는 것을, 물어봐도 들어봐도 내 인생도 거짓으로 가득한 것을

삶의 목표가 없어. 진실성이 빗물처럼 흘러가는 것을, 밤부터 아침까지 하루를 살아도 살고 싶어 살아야, 무언가 뜻있는 일을 해야 삶이 진정한 순간인 것을

세월이 가고 시간이가면 온몸으로 느끼는 추위와 고독, 바람이 나를 스치어가면서 작은 낙엽처럼 바람에 날아가는 이름 없는 내 인생인 것을

내가 나를 내육신도 모르는 것을 육신이 마음이 병들어도, 내 생각은 나도 내일이 올지 알 수 없는 것을, 저 사람들 성공하려다 더 망치는 인생을 사는 것을

세상을 다 살고서도

뭐가 불만이야. 없어, 그래, 나는 사는 거야. 내가 사는데 뭐가 있겠어. 아무것도 없는 거야. 있는 대로 현실로 사는 거야. 사람 말고는 자연 그대로 새가 살든 벌레가 살든 풀이 있든 너는 너야 네가 관여할 일이 아니야. 그래 그냥 사는 거야. 뭐 인생이 별건가 살다가는 거지. 신경 쓰지 마, 신경 쓴다고 될 일도 없어. 바람 불면 바람 부는 대로 가보는 거야. 세상에 있는 현실은 삼일을 살든 백을 살든 살다 간 거야. 지나온 날들은 하루 밤은 꿈보다도 못해.

난 알 수 없어요

포근하고 시원한 날 작은 도랑의 물속에 손을 담그면서 자연에 취해 한 참을 멍하니 있었는데, 예쁜 아가씨가 등 뒤에서 달콤하게 속삭였어요.

재미있느냐고 물처럼 부드러운 말소리, 바람처럼 가느다란 숨소리 새순에서 풍기는 귀여움의 짜릿함, 맑은 눈동자를 보는 순간 가슴의 사랑이 뭉클했지요.

그 어느 날 우연히 아가씨와 같이 있었지요. 해가 있는 짧은 시간이었지만 늙은 고목나무에 새순이 솟듯 살아있는 삶의 용기에 부풀었지요.

젊고 발랄 한 아가씨가 또 옆에서 속삭였습니다. 좋은 친구인 것 같다고, 덜 떨어진 낙엽의 색깔이 고와도 사랑의 시간이 얼마 안 남았다고, 속으로는 그렇게 이야기 했답니다.

날 찾는다

날 찾는다. 못 보던 사람 찾아오는 것도 두렵고, 나 또한 찾아가는 것도 부담되고 지난날들 , 반가운 얼굴들이지만 손을 잡고 있다가 손을 놓으며 작별할 때 서운하다.

우리 사이 어느 사이 줄 것도 받을 것도, 있는 것이 남는 것이 내가 필요해서 있던 것들도, 시간이 가면 쓸모없는 귀중품들 버릴 것도 없는 허망한 세상살이 주고 싶다는 약속 지킬 수 있을까.

별거 아닌데 대수롭지 않으니 생각을 바꾸어 복잡한 거리에서 가는 뒷모습 보고 있으려니 그냥 그대로 교량에 서서 바다를 향하여 흘러가는 냇물처럼 또 어디론가 갈 곳을 찾아 자리를 뜨려한다.

한가한 시간

가난하다. 삶속의 생각, 느끼기 나름 언제나 부족하기 때문에 가난해보여도 부유해 보이고 부자로 보여도 가난한 현실, 삶은 현재로도 행복하다.

풍족한 세상에 혼자만 가난한 행복, 사랑이 있는 날 웃음이 가득, 없으면 없는 대로 있으면 있는 대로, 바람이 불면 물이 흐르고

하루 종일 산다면 그래도 지금은 행복한 순간, 살다 가는데 이유는 없어 하루 종일 놀아도 시간 없고, 하루 종일 일해도 여유 있듯이 나이 들어도 마음은 그대로다.

배고픔도 배부름도 생각하기 나름이다. 작은 육신 아픔만 없다면 우리 모두는 부자다. 아니다. 모두가 가난해도 살만한 행복한 세상이야. 여보게, 저승 갈 때 뭘 가지고 가나.

어항 속의 삶

살아있구나, 작은 물속에
가둘 이유도 없는데

작은 집에 만들어진 감옥
작은 공간 세상에서

사는 이유를 모르겠구나,
물만 있으면 사는 물고기는.

물 갈아주기 귀찮아서
작은 애기 장난하는 게 걱정돼서

어둠 속에 내 팽개쳐도
끈질기게 살아가는구나.

축하합니다

아파본 이는 몸의 고통을
얼마나 참을 수 없는지
삶은 생로병사라고 했으니
우리에게 닥쳐올 현재 상황

긴 대기의자에 기대어
아프지 않은 것을
여기에 다시 오지 않기를
감기 몸살에 치를 떨고 있는데

축하합니다.
'친조모 사망'
정말 축하할 일일까?
아픔보다는 죽음이 나을까?

남기고 싶은 말

삶을 같이해온 분들에게
고마움을 전하고자
그들의 이름을 적어놓는다.

누구는 쇼하느냐고
사는 것도 사는 것이 아니고
죽는 것이 죽은 것이라면

세상의 끝은 아무도 모르지
오직 자기 자신만이
살아가면 되는 것이기에

그래 멀리 떠나면서
유언이라고 미리 말하면
가는 길에 마음이 편하리라.

나를 봅니다

일년 열두 달
쉬고 또
일년을 놀고서
세상의 삶 나를 본다.

사랑과 행복을 느끼며
꿈속에서 떠나려 할 때
두 눈을 마주보며
빙긋이 웃어 줄 당신

잘해준 게 있는가?
늘 부족했던 나
동행에 고생하고 사는데
혼자 두고 가는 마음

구름 속으로 사라질라
하늘과 땅을 봅니다.
오늘도 서산에 홀로 지는
검붉은 태양처럼.

난 당신을 사랑했습니다

그대는 나를 생각하고 있습니까.
언제쯤 오시렵니까.
가슴에 묻어야할 추억
잊혀 지지 않는 아름다운 당신

비가 내리는 깊은 밤에
가슴으로 그리는 당신
차 한 잔 속에 그대로 머문 그대
노을빛으로 다가오는 당신

그리운 이여, 행복하여라
당신만 기억합니다.
그리움일 수밖에 없습니다.
겨울하늘에 편지를 부칩니다.

하늘을 바라보았습니다.
산에 올라 바다를 보았습니다.
그대가 그리운 날 당신은
향기 가득한 봄바람으로 오십시오.

하룻밤의 꿈

바닷물에서 물을 찾고
불난 집에서 불을 구하고
산속에서 산을 찾아 나섰다가
길을 잃어 하늘을 보면서
사람들 속에서 자기를 찾는다.

붉은 해가 높이 떠서
눈을 들어 앞을 바라보니
갈 곳은 저 멀리인데
붉은 해 지고 둥근달이 뜨니
하루가 가고 있다.

내가 있어 당신도 있는 것은
이것이 있으니 저것도 있고,
내가 죽으면 당신도 가는 것을
생각이 없으면 사랑도 없고,
인간이 없으면 운명도 없는 거다.

3부

아직도 그 사람을

아직도 그 사람을

사랑을 한없이 갈구하며 지나온
젊은 날들
오늘도 어느 길목에 서면
그녀 체온이 그립다.
고운 마음 고운 얼굴에
여기
홀로 머물며 서 있다.
눈을 감자
눈 속 그녀의 모습을 그려보면서
사랑의 꿈을 꾸면
그녀 체온이 그리워진다.

사라지는 것들

먼 동북 저쪽에서 둥그런
아침 해가 나타납니다.
해가 밝았습니다.
해가 중천에 떠 있습니다.
어둠이 온다는 것은 아무도 모릅니다.

저녁 노을 예쁘게 지고
해가 저만치 지고 있습니다.
누군가 해를 바라봅니다.
보석 같은 하루해도 저편으로
뒤만 보이며 사라집니다.

저 서쪽 저편으로
이름이 없는 뒤통수만 보입니다.
그가 살아온 것은 아무 쓸데없는
보이지 않는 허깨비였습니다.

사랑이라는 이름으로

내 사랑아 빨간 장미꽃 같은
네 얼굴에서 웃음을 보여 다오.
행복하게 웃는 모습을 나는 좋아한다.

너의 진한 장미꽃에 나는 나비처럼
긴 입을 대고 너의 깊은 속까지 파고 들어가
달콤한 꿀을 먹으며 영원히 살고 싶다.

아침에 뜨는 태양과 함께
흘러가는 바람에도 두려워하지 않고
사랑아 영원히 같이 살자.

봄바람

어느 날 놀러 갔었지.
처녀 총각이 같이 갔었지.
기분이 붕붕 뜨더군.
서로 손 잡고 휘파람 불며
노래하고 신이 났었지.
업고 달리는 게임도 하고
처녀 총각이 입을 대는 게임도 하며
예비부부가 되어
쌍쌍 게임도 해 봤지.
누군가는 키스하고 싶었지.
처녀 총각이 어울려졌지.
이름도 모르면서
그녀의 뜨거운 볼과 가슴이
내 가슴에
스칠 때는 짜릿하였지.
처녀 총각으로 친하였지.

시골 처녀

한적한 농촌 시골 마을에
출장 나가면 그 집엔 아무도 없다.
점심때가 되면
그에게 밥 줄 처녀가 나타나고
그는 사랑방에서 피시시 드러눕는다.
그녀는 부엌에서 연기 피우며
그에게 줄 새밥을 짓는다.
그는 그녀가 나타나기를 기다리고
그녀는 그가 슬며시 웃으며 반기기를 기다린다.
어쩌다 그들끼리
두 눈이 마주치며 외면하지만
두 가슴은 요동치듯 뛴다.
그에게 차려준 정성의 밥은 풍성한데
부산하게 정신없이 하다 보니
설은 밥이요 돌밥이다.
배고파 맛있게 먹다보니
씹히는 것은 돌과 생쌀인데도
어느 날 기분 좋아 떠올려본 기억이다.

바다와 파도

사랑의 여인이여
어디에서 온 천사인가.
외로운 낙산의 밤은 깊어오는데
너는 어디서 왔는가.
너는 나는 원래 하나,
바다 한가운데
오징어 돛단배에 얽혀 있다.
소리가 들린다.
우린 약속도 없이 사랑을 한다
내 것도 네 것도 아니면서
깊은 바다 속으로 깊숙이
숨었다가 나왔다가
숨고 또 들어가고 그러다가
잠시 후 파도는 멈추었다.

떠난 후에

당신이 나에게 어떤 존재인 것을
같이 있을 때는 정말 몰랐습니다.
당신은 늘 나의 좋은 친구였습니다.
당신이 나로부터 떠나간 후에
나의 진실한 마음을 알았습니다.
내가 당신을 사랑하고 있다는 것을
지나간 작은 추억들이 이렇게 쓰리고
아픈 줄을 생각해 보지 않았습니다.
당신이 떠난 지금 당신의 존재와
당신에 대한 마음이
사랑임을 알 수 있습니다.

술집에서

손님을 다루는,
남자를 다루는
그 여자의 모습이 능청스럽다.
눈에 비친 모습이며
말소리며 웃음에서
그 여자의 모습을 다시 또 본다.
인간은 변하는 걸까
여자는 저렇게
빨리 변하는 걸까
내가 간직하고 느꼈던
그 소녀
그 처녀
그 순박하고 예쁜 모습은
어디로 떠나갔는가.
이상한 생각이 마음을 스칠 때
인생의 시간을 느낀다.

참 이상하다

참 이상하다.
내가 여자이고 당신이 남자라면
당신이 나를 어찌할 것인가.
내가 당신을 사랑한다고 고백할 때
당신이 남자라면 무어라 할까.

참 이상하다.
내가 당신의 입장을 이해 못하면서
당신을 잘 아는 것처럼 강요하고
밀어 붙이는 나의 심정은 무엇일까.

참 이상하다.
나는 아무것도 모르면서
또 무엇을 요구하고 있으니
대답 못하는
당신을 이해 못하는 나다.

홀로 여행

때 아닌 진눈깨비가 날린다.
모진 비바람과
눈보라의 겨울 추위 속에서
연인들의 따뜻한 만남을 본다.

비바람 속에서도
포근한 눈이 내리고
그 사이로 엿보는 높은 산은
한 폭의 동양화 같은 고향 마을이다.
누가 봐도 장관이다.

오늘도 내 여인을 만날 수 있을까?
눈 오는 거리를 혼자 걷는다.
즐거운 마음에
따끈한 커피향에 취한다.

나만 속탈 것 없다

나만 속탈 것 없다.
보고 싶다는 것 본 사람도 없다.
있긴 있나본데 영 표현을 못하니
있는 건지 없는 건지 알 수도 없다.
그게 있어야 한다.

나만 속탈 것 없다.
좋은 사람 있으면 모두가 그러하지.
그래야 형평이 맞다.
하느님이 그렇게 해 놓았을 테니
나 혼자서 걱정할 것 없다.

나만 속탈 것도 없다.

영업합니다

다방에 간다. 내가 좋아하는
그 다방에 간다.
내가 좋아하는 그녀가 반겨주어
하루에 세 번
한 달 내내 줄기차게 간다.
남의 눈에 거슬리도록
다방을 들락거린다.
그녀의 눈에 들어
모처럼 만나기로 약속한 날
그날 다방에 가보니 없다.
여자에게 전한 마음이
그저 서운하다

편지

먹지도 않겠습니다.
잠을 자지도 않을 것입니다.
웃지도 울지도 않을 것입니다.
자리에 앉지도 담배도 술도 않겠습니다.
가을 밤 별이 빛나고
어디선가 스산한 바람이 불어올 때
한없이 떨어지는 낙엽에
내 마음을 실어 보내겠습니다.

가을의 여인들

거리를 걷다가 내 앞에서 떨어지는
낙엽 소리를 들었다.
낙엽 그 자체는
아름다운 색깔로 그대로인데
무엇 때문에 이 가을을 가져오는가.

떨어진 낙엽이 쌓인다.
일부러 예쁜 낙엽을 밟는다.
이쁜 몸짓으로
아래를 내려다보던 모습은 어디 가고
이제서야 내 발에 밟히는 걸까.

날씨가 쌀쌀하다.
벌써 내 인생의 세월이 간 거다.
이제는 잊어야 할 시간
한 번 더 힘 있게 밟고 지나간다.
세월이 지난 것을 스스로 느낀다.

미련

있는 것도 확인할 수 없고
있는 것도 인정할 수 없는 우리들
마음의 감정
생각나다가도 흔적 없이 사라지는 것
봄바람에 날아가는 가랑잎처럼
그냥 떠나가는 것

서로가 오고 가는데도
그 크기와 내용을 알 수 없는 것
그저 바람처럼 있는데 흔적 없는 것
그러나 낙엽처럼 색깔 있는 것
있다가 없어지면
비바람에 짓밟히는 것.

석녀(石女)

그새 져버렸구나.
뭇 벌과 나비를 끌어 들이던 예쁜 꽃은
잡초의 누런 잎에 가리었구나.
가뭄 뒤에 단비가 내려 물기에 젖은
예쁜 꽃을 보며
흐뭇한 웃음을 지어보았건만
이제는 해가 질 들녘
어둠 속이 아닌데도 보이지 않는구나.
활짝 핀 꽃으로 혼자 몰래 들어가서
달콤한 꿀을 빨아 먹고 싶었는데
세월의 잔주름에
그런 마음도 사라졌구나.
초라하게 버려진 꽃은
벌 나비가 떠난 지 오래구나.

향수

깊은 정 맑은 샘물에 두고
어느 날
두 눈과 몸이 하나가 되어
외진 곳에서 마주쳐 속삭여본 하루.
우리는 깊은 정이 있었다.
말 한 마디 의사 표현도 없이
날마다 어둠 속에서 뜬눈으로
애태우던
긴긴 밤의 지루한 시간들이
문득문득 꿈속에 같이 있었다.
그녀가 길어주는
새벽의 둠벙 샘물에
내 몸을 비추고 그녀를 바라보는 것
그녀 또한 쑥스러이 얼굴을 비추며
서로가 그리워 엿보면서
뜨거운 호흡을 하곤 하였다.

생존 게임

욕심을 내지 마라.
안다, 그게 아니기 때문이다
내가 생각하기에
무엇이 옳고 그른지
모르겠다, 지금은 나도 알 수 없다.
내 생각을 나도 모르겠다.
어려울 때다 아니다.
진정 네가 거기 있어야 한다.
누가 너를 알아보겠는가.
왜 내가 그것을 탓하겠는가.
판단해서 사실만을 택할 것이다.
내 행동 처지 생각과
내가 하는 것을 나는 이해한다.
나는 이 순간도 바르게 산다.

길을 가면서도

문득 받아볼 것이 없는데도
죄 지은 사람마냥
가슴이 뭉클
머리가 오싹하다.
어찌된 일인가
어떻게 된 것인가
몹시 그 내용이 궁금하다.
혼자 중얼대고
자기가 묻고 대답하고
옳은 판단과 용기를 가져보지만
잘하고 있는지
잘되고 있는지
남들의 생각이 정리될 때
그들의 잘못된 생각에 불안한
마음은 감출 수가 없다.

시간여행

그것도 갑자기 옛 생각으로
고향의 고갯길 언덕 아래에서
먼 산 바라보고
잡풀이 우거진 강가도 걸어보고
한가로이 기차를 타고
시간 여행을 떠나본다.

추억 속 인생 길은
느낌으로 내가 태어난 곳이다.
고향 길도 걸어보고
기억에도 없는 옛 친구도 찾아보고
진정한 삶의 역사에서
푹 엎어져 쉬어가자.

4부

불은 언제나 되살아난다

삶의 흔적

우연히 받은 한 통의 전화
반갑지만
옛 생각에 가슴이 찡하고
우리가 만나서
늘 주고받던 이야기들은
한 많은 세월에 파묻혀
이제는 생각조차 하기 싫은데.

다시 만남은 무슨 의미가 있을까.
지나간 시간의 순간들
흔적 없이 가버렸는데도
그 무슨 미련이 남아 있어
울 수도 웃을 수도
안할 수도 할 수도 없는
어느 순간의 세상살이 이야기들

창 밖에 내리는 함박눈은
무작정, 한 없이 내리고 있다.

알면서도 모르는 사이

누가 들어서자마자 반갑게 인사를 한다. 아는 사람이었으므로 반갑게 손을 잡고 서로의 안부를 물은 후 용건을 협의했다. 사무적으로 말이다.

그러나 이야기가 다 끝나 가는데도 나는 이분을 언제부터 알았는지 도무지 생각이 나지 않았다. 그도 나와 마찬가지로 언제부터 알았다는 얘기를 하지 않는다.

우리는 알긴 알되 확실히 모르는 사이이다. 사건의 얘기를 끝내고 조용히 우리는 만났다. 나를 언제 보셨습니까? 그도 언제 보았는지 기억에 없다고 한다. 알기는 아는 사이인데 모르는 사람이라니.

그렇게 해서 기억을 더듬어 얘기는 얘기의 꼬리를 물어 이야기를 이어가니 잃어버렸던 기억이 되살아나 옛날 그 시절로 돌아간다.

꿈꾸는 도시

뭐 그리 바쁘다고, 생각은 많은데 뭐 하나 제대로 못하고 뼈 빠지게 일하고도 제대로 돈 못 받아 집에 가선 애들에게 시달리고 내자에게 구박 받을까봐, 오늘도 거리를 정처 없이 헤맨다.

어쩌다가 술 한 병 사 마시고 삼류 극장에서 남녀 배우 구경하며 졸다가 예쁜 여자의 옷 벗는 모습을 생각하면서 저것도 돈 버는 요령이지 하고 혼자 웃고는 그런 게 세상이지라고 중얼거린다.

누구 하나만 도와줬어도

삶 자체가 고생 같지만
그것이 행복이다.
가정의 평화가 이루어질 때
그것이 인간들의 보람이다.

같이 사는 사람들끼리 살기 위해 이해하며, 자기의 직분에 충실할 때 그것이 올바른 , 내가 남을 어떻게 도와야 하고 남이 날 도우리라는 생각을 아예 버리자.

내가 베풀지 않으면
누구나 도와주지 않는다.
세상은 도와가며 살아가는 것
원망하거나 후회하지 마라.

하늘과 땅 사이에

돌아서려는데 멀리 떠나가려는데, 그 무엇이 붙잡는다. 끈끈한 정과 짜릿한 감정의 순간들이 희미한 내 마음을 돌리려 한다. 맑은 물과 희미한 창, 바람 소리도 내 귀를 건드린다. 오랜만에 공허를 채우고, 흐트러진 입 속에서 우러나오는 내 말소리는 누구를 위함인가.

세월이 인생이던가.
슬픔의 소리가
내 마음을 건드릴 때
아무도 없는데
나는 그곳에 있다.

착한 마음

법이란 밤의 바다는 무서운
맹수였다.
그들은 이길 수 없는 거대한
공격자다.
낮에 잔잔하던 법의 바다가
밤에는 두 얼굴의 마귀인가.
내 몸을 향하여 무겁고 찜찜한 짠 물과 함께
사정없이
생각하기도 어려운 공포의 큰소리와 함께
내 몸을 강타한다.
옷을 벗어 알몸으로 마지막까지
버티어보지만
그들의 바다 바람과 그들과 같은
파도소리 속의
나의 왜소한 육체와의 싸움도
아침이 밝아올 때까지
의도적으로 진행된다.

까치 소리

왜 그리 조심성이 없는가.
무엇이 그리 급해서
항시 조바심을 가지고 사는가.
저 넓은 대청호의 맑은 물과 같이
생각을 바꿔 큰 사람 큰 길로
날마다 해가 뜨는 식장산,
해마다 활짝 피는 철쭉 향기 속에
마음을 바로잡아 큰 강물 따라간다.
상대방의 마음을 살펴서
우리가 앞으로 전진하기 위해
새소리 물소리로 고통을 달래면서
항시 바른 길로 나아간다.

더불어 사는 사회가 아름답습니다

주인이 주는 밥그릇을 가지고
개들이 싸운다.
큰 놈이 작은 놈의 급소인
모가지를 물어
무지 막지하게 뒤흔든다.
이름하여 험악한
개새끼들의 밥그릇 싸움
여기에서 먹이는 내가 준다.
개새끼들의 싸움거리가 될 수 없다.
큰 개가 이렇게 개지랄하는 바람에
개밥 주는 것을 포기했다.
그런데도 두 마리의 개가
굶어 죽는 것도 아니다.

주어진 삶이란

세상에 존재하는 한
살기 위해
나는 싸움꾼이다.

고개 숙인 남자

내가 간다. 어디를 가야 하는데
좌우를 살피니 옆에 우뚝 서 있는 나무가
조금씩 흔들린다.
짐승 뼈다귀 같은 이름 없는 나무가
어디론가 방향없이 흔들린다.
흔드는 자 없는데도 자세히 보니
심하게 흔들린다.
누가 흔드는 것이 아니라면 저 나무를
흔드는 힘은 무엇일까.
구름 낀 을시년스런 날에
나무가 흔들리니 내 몸도 흔들린다.
내가 어딜 가야 하는데
제 갈 길로 가지 못하여 마음이 흔들린다.

게임에 대하여

형님 얼굴이 밝사이다. 하시는 일이 잘되어 기분 좋으시겠습니다. 그런데 오늘 게임에 진 나를 보러 오셨습니까? 패한 자는 말이 없으나 이길 것을 준비하고 있습니다.

어제는 제가 이기고 오늘은 형님이 이겼습니다. 그러나 우리는 모두 다 졌습니다. 단지 이긴 자는 구경꾼들 뿐, 이긴다는 것은 참으로 기분 좋은 것입니다.

그러나 조상의 모습을 보셨습니까? 잡초가 무성한 봉분없는 묘, 어디 누구 묘인지 묘석 하나 없는 묘, 살아 있으니 절을 했다고 오늘처럼 웃어 보십시오.

하얀 여백

이 세상 만물들의 삶이란 어디에서 어디로 공동체라고 할 수 없는 있는 자들 강자들 야수들만이 사는 아주 작은 비좁은 땅이란 말인가. 믿고 찾은 도움의 안식처는 이리의 소굴이었던가.

이 세상 내가 사는 곳에
우리들이 믿을 법도
찾아볼 천사님도 없는가.

말도 글도 통하지 않은 귀신과 같은 텅 빈 자들, 솔잎을 갉아먹은 송충이 만큼도 못한, 타인의 먹이만을 빼앗아 먹고 사는 다른 집단들, 이 세상 하얀 사회에는 없어야 할 새까만 악의 존재들이 우글거린다.

불은 언제나 되살아난다

당신은 너무 하십니다. 나의 진실을 이유도 없이 못 믿는다니, 당신에게 보이는 게 무엇입니까. 다 알면서도 시치미 떼는 당신은 도대체 누구의 편입니까?

지금 생각하니 당신 때문에 세상 사람들은 너무 억울합니다. 이것저것 챙기느라 정신 못 차리는 사이 당신은 느닷없이 모른 체하였습니다. 당신은 당신대로 정당하다지만 나는 당신의 숨겨진 뱃속을 보고 있습니다.

이제 뜻대로 제대로 해 보려고 하니, 통사정하고 항의하는 나에게 법과 양심의 느낌도 없었습니다. 들어보십시오. 왜 안들으려 합니까. 당신과 나 사이에 권부(權府)가 가로 막나요? 한 번 들어봐도 늦지는 않을 겁니다.

보이지 않는 곳에서

난 사람들의 마음을 알 수 없습니다.
다 알 것 같은 데도 모른다고 합니다.
있는 사실도 못 믿겠다고 합니다.
사람이 사람의 속도 모르니 이상한 일들입니다.
난 한 번 물어보고 싶었습니다.
있는 사실을 모른다고 할 때 할 말이 없습니다.
그것이 인간이고 진리인가를
아는 것 있는 것을 못 믿겠다니
세상 사람들이 짐승들처럼 우습게 보입니다.
난 그렇게 믿습니다.
난 안 그렇기 때문에 아니 상대에게 속아서
그런 줄 알았는데 그들대로 전문가가 해도 그렇다니
참 생각하면 할수록 이상항 우리나라 사람들입니다.
이런 때 무엇을 해야 소득이 있을까요?
난 누구도 못 믿겠습니다.

쓰레기 속에서

그들이 믿을 곳은 어디인가 묻고 싶다.
권력이나 금력을 떠난다면 믿을 것은
하나도 없다고 해야 한다.
이는 이 나라에
법이 있는지 위정자가 있는지
의심스럽기까지 하다.
하기야 국가가 이 지경까지 왔는데도
내가 잘못했소! 하는 자가 없는 것을 보면
누굴 탓할 것도 못 된다.
모두의 책임이기 때문이다.
그러나 내가 하고 싶은 말은
일에는 책임이 따라야 한다.
책임이 없다면
꿈을 꾸는 것과 다를 바 없기 때문이다.

까치도 바른말을 한다

거짓 없는 진솔한 이야기다. 그래도 못 믿는다면, 다시 한 번 바른소리를 크게 내뱉으리라. 그것이 엉뚱한 방향의 소리라 해도, 다시 꺼내 울부짖어도 그것은 개소리, 약속한 이 세상 거짓밖에 없는 인간사, 서로가 약속한 것도 서류를 만든 것도, 세상사대로 한 것도 못 믿는 세상이다.

약속하다 하면 더러운 세파의 버러지들, 믿을 자도 안 믿을 자도 다 같은 우리들, 같은 핏줄 사람이건만 진실을 바꾸는 인간사일 터, 눈을 감고 귀를 막고 오늘도 먼산에 대고 내가 바른말을 한다. 들리지 않는 소리, 까치가 우짖는 진실의 소리를 들어라. 귀를 들어 바른소리를 들어라.

온실

새봄에 깊게 땅을 파고
듬북 거름을 주고
마음을 더 보태
작은 꿈의 나무를 심고
그가 잘 자라도록 기도를 한다.
꿈나무가 자라
이 나라와
이 집안의
어려운 생활에 도움되기를
마음속으로 빌고 빌었다.

앵무새와 뻐꾸기

열심히 따져보고 물어보면
무엇하겠는가.
뱃속에는 비리가 가득 차 있어
보고도 들어도 머리에는
아니 들어오는 것을.
빼겼다 하면 오기요.
채중 법칙 위배 사실 오인이란 것인가.
알면서도 그러는 줄 안다.
해도 어찌 할 수 없는 것
당사자의 양심의 합의서도 공문서도
돈 앞에는 거짓말같이 못 믿는 그 사람들
어디에서 양심을 뺏겼기에 저렇게
똑똑한 바보가 되었을까
고개를 들고 다녀도 제 머리가 무거워서
돈 버는 장사 개업 서두르다가
기존의 법을 파괴하면서도
죄의식을 느끼지 못하니 큰일이다.

법이 머무는 곳

문서도 이유 없이 못 믿어도 법이고, 한 번 잘못된 것 끝까지 바로잡지 아니하고, 오리발을 계속 내미는 것 그것이 진정한 법이란다. 잘못된 것을 관례대로 그대로 베기는 것이 법이고, 말이 안 되어 우기는 것은 법이 아니란다.

대한민국에는 법이 있는데
약한 자는 법이 없는 것이 법이란다.

그래도 계속 우기니 이제는 말을 바꾸어 거짓으로 조작하여 강박이란다. 한심하여 법에 알리니 그것도 관례니 법에도 없다고 이유도 없이 이해하란다. 이제는 독하게 한 말씀하니 한 마디의 대답도 없다. 대답해 줄 이유가 없는 것도 법이란다.

내가 사는 이유

해 보고, 아니 해 보고
아니하면서 원망하고
그러다가 후회하고
먼 산을 바라보며 한숨짓고
흘러가는 시궁창 물 따라
떠다니는 세상살이.
살다가,
이 세상 살아 있다가,
어느 가을 날 생을 마감하고
이제는 갈 곳 없어
떠다니는 구름 속의 흔적은 있고
형체는 있는데 생명이 없는
세상살이.
육체는 있어도
마음이 떠나면 그만
마음도 육체도
알 수 없는 세상살이
왜 내가 여기 서 있는지도
모르겠다.

새 천년 까치소리

사랑하는 나의 님들이여,
누구든지 사회 생활을 하다보면
말로 해서는 도저히 해결되지 않는 상황에
당신들도 한 번쯤 부딪치게 됩니다.

나의 님이여, 그렇다고 당신들의
옳지 못한 힘으로 해결하려 하면
그야말로 큰 코를 다치는 수가 있습니다.
그래서 존재하는 것이 국가이고 법입니다.

나의 님, 정의를 가지고 사시는 님,
사람들이 부딪치는 여러 가지 분쟁들을
당신들은 권력과 법과 신으로
개입하여 공정히 해결해 주어야 합니다.

까치도 말을 한다

이찬로 시선집

발 행 일 | 2016년 12월 12일
지 은 이 | 이찬로
발 행 인 | 李憲錫
발 행 처 | 오늘의문학사
출판등록 | 제55호(1993년 6월 23일)
주　　소 | 대전광역시 동구 대전로867번길 52(한밭오피스텔 401호)
전화번호 | (042)624-2980
팩시밀리 | (042)628-2983
전자우편 | hs2980@hanmail.net
카　　페 | cafe.daum.net/gljang(문학사랑 글짱들)

공 급 처 | 한국출판협동조합
주문전화 | (070)7119-1752
팩시밀리 | (031)944-8234~6

ISBN 978-89-5669-794-9
값 9,000원

* 이 책은 교보문고에서 E-Book(전자책)으로 제작하여 판매합니다.
* 잘못 제작된 책은 바꾸어 드립니다.
* 본문에 사용한 종이는 친환경 재생지 '그린라이트' 80g/㎡을 사용하였습니다.